1er volume

MAC-MAHON

OU LA

GRANDE BRETAGNE SOUS CROMWELL

DRAME HISTORIQUE

en 3 actes et 4 tableaux dont un prologue :

LES CHEVALIERS DE LA LIBERTÉ

PAR

MAX-ROBERT DE SAULNIER

PRIX : 2 FRANCS

PARIS

Chez tous les libraires

1877

Droits de représentation, de reproduction et de traduction réservés.

ИСЧАН-ЭАН

MAC-MAHON

DRAME

Autorisé par MM. les Préfets d'Oran, d'Avignon et de Montpellier, et représenté pour la première fois, sur le théâtre de Mostaganem, salle de la Loge-Maçonnique, le 18 mai 1876.

La deuxième édition de ce drame contiendra une préface de l'auteur, et des notes historiques mettant en lumière la vieille Irlande, l'ancienne Ecosse, leurs grands hommes les plus célèbres quoique les plus ignorés, l'époque de Cromwell, les glorieux ancêtres des Mac-Mahon et leur origine royale.

Défense à tout directeur de représenter ce drame sans permission signée de l'auteur.

Pour la représentation et la traduction de ce drame, écrire à : M. MAX-ROBERT de SAULNIER, chez M. Barbré, fils, éditeur, 12, boulevard Saint-Martin, Paris.

MAC-MAHON

OU LA

GRANDE BRETAGNE SOUS CROMWELL

DRAME HISTORIQUE

en 5 actes et 4 tableaux dont un prologue :

LES CHEVALIERS DE LA LIBERTÉ

PAR

MAX-ROBERT DE SAULNIER

PRIX : 2 FRANCS

PARIS

Chez tous les libraires

1877

« J'appelle à moi tous les hommes de bonne volonté. »

Message du Président de la République
(décembre 1874.)

« Je travaille comme le semeur qui prend le bon froment dans le creux de sa main et le jette au sillon sans regarder où il tombe, sans en ôter les pierres. »

« Lumière ! Pensée ! Rien ne peut contre vous. »

« Angleterre, île de pirates, tu disparaitras la première de la scène du monde, parce que ton pouvoir repose sur la division de l'humanité. Le dernier de tes vaisseaux se fera sauter avec son dernier baril de poudre. — Et tous les peuples pousseront des cris d'allégresse, car dans tous les coins du monde le nom de l'Anglais est maudit ! — *Sic transit gloria mundi.* »

A

MONSIEUR LE MARÉCHAL DE MAC-MAHON, DUC DE MAGENTA, PRÉSIDENT DE LA RÉPUBLIQUE FRANÇAISE

Monsieur,

Puis-je m'enhardir jusqu'à oser espérer que Votre Grandeur daignera excuser la témérité qui me pousse à vous dédier ce drame et à le mettre sous la protection de votre nom illustre ?

J'ai l'honneur d'être,

Monsieur le Maréchal-Président,

de Votre Grandeur

Le très-humble et très-obéissant serviteur;

MAX-ROBERT de SAULNIER.

Castres, 15 février 1877.

PERSONNAGES DU PROLOGUE

Lord Mac-Mahon.
O'Dogherty, 60 ans.
Owen, sous le nom de Sir O'Conolly, 33 ans.
Sir Roger Moore de Ballynagh.
Sibbald.
Sir Phélim O'Nial.
Lord Gormanstown.
Le comte d'Antrim.
Cornélius Mac-Guire.
O'Reily.
Byrne.
Lord du Pale.
O'Quin.
O'Hanlan.
Mac-Ginnis.
Lord Fingal.
Lord Slang.
Lord Netterville.
Lord Trimblestone.
Lord Lowth.
Un Chevalier.

La Morte.

Chevaliers et écuyers.

———

Cette première action se passe en Irlande, le 21 septembre 1641.

PERSONNAGES DE LA DEUXIÈME ÉPOQUE

L'ÉTRANGER, 21 ans. (*)
ROB-KING, pêcheur côtier.
CHARLES II.
OWEN ROE O'NIAL.
Le duc de BUCKINGHAM.
Lord BYRON.
Lord WILMOT.
Lord KILLIGREW.
LE SPECTRE du marquis de MONTROSE.

MISS ESMERALDA. (**)
MISTRESS KING, mère de ROB-KING.
JACK, mousse, (*travesti*).

Écuyers, un escadron hollandais, marins.

Le rôle de *l'étranger* doit être joué par l'acteur chargé au prologue du personnage de *lord Mac-Mahon* ; et le rôle d'*Owen Roë O'Nial* par celui qui a joué *Owen O'Conolly*.

La seconde partie se passe en Ecosse, le 23 juin 1650, neuf ans après la première.

(*) Le rôle de *Mac-Mahon* a été créé par l'auteur.
(**) Celui d'*Esmeralda* (miss Montrose) par Mme Max-Robert de Saulnier.

MAC-MAHON

LES

CHEVALIERS DE LA LIBERTÉ

PROLOGUE

ACTE 1er

La chapelle d'un monastère en ruines. Deux entrées latérales opposées. Au centre de la chapelle un autel, moitié renversé sur le sol. Des bancs de pierre antiques sont placés autour de la chapelle. Au fond de la scène, l'entrée d'un caveau sépulcral. — Nuit complète.

SCÈNE 1re

SIR ROGER MOORE DE BALLYNAGH, *entrant suivi d'écuyers.*

Des torches résineuses sont fixées et éclairent la scène.

ROGER MOORE DE BALLYNAGH

Écuyers et francs-tenanciers, faites une garde sévère; veillez au dehors et aux portes de cette enceinte. Que nul n'y pénètre sans le signe: la chaîne d'or avec le lion vainqueur du léopard, — et les mots de passe: « la vingt-unième nuit de septembre, sur la montagne de Tarah, les ténèbres enfanteront un volcan!»— Allez! (*Sortie. Deux écuyers se placent aux deux portes, armés de leurs épées nues. Puis les conjurés arrivent successivement. Tous ont la chaîne et la médaille d'or, signe qui les fait reconnaître. Groupes divers. Sir Roger Moore de Ballynagh va des uns aux autres, échangeant des conversations à voix basse. Des chevaliers lui remettent des messages qu'il parcourt et placera sur l'autel.*

SCÈNE II

SIR ROGER MOORE DE BALLYNAGH, O'CONOLLY, SIR PHÉLIM O'NIAL, LORD GORMANSTOWN, ANTRIM, LES LORDS DU PALE, FINGAL, SLANG, NETTERVILLE, TRIMBLESTONE, LOWTH, SIR O'QUIN, O'HANLAN, MAC-GINNIS, O'REILY, BYRNE, puis CORNÉLIUS MAC-GUIRE, et LORD MAC-MAHON.

O'CONOLLY, *sur le devant de la scène, à part.*

Ce vieux monastère, qui me rappelle les malédictions de ma jeunesse!... C'est donc ici, sur la montagne de Tarah, dans ce nid de hiboux, que se réunit le conseil suprême de cette association mystérieuse qui a organisé le soulèvement de l'Irlande. Je vais enfin connaître ses chefs et savoir quels sont leurs plans impénétrables!

ROGER MOORE DE BALLYNAGH, *qui est arrivé à O'Conolly, le dévisageant.*

Je m'excuse de mon ignorance, sire chevalier, et je prie votre courtoisie de m'apprendre votre nom.

O'CONOLLY, *lui donnant un pli.*

Mon nom? Ce message des officiers irlandais d'Arklow le fera résonner agréablement à votre oreille. Je me nomme O'Conolly. Officiers et soldats vous promettent leur concours.

(*Lord Mac-Mahon, bardé de fer, avec l'écharpe rouge frangée d'or du commandement suprême, bottes jaunes à larges éperons d'or, a paru tenant une bannière qu'il plante sur l'autel. Les chevaliers se sont inclinés devant lui. Mac-Mahon a entendu les paroles d'O'Conolly.*)

O'CONOLLY

Il s'agit de complot, de soulèvement! Hourrah! Vive la guerre! chacun son métier! Et le soldat ne vit pas de l'air du temps!

LORD MAC-MAHON, *apostrophant O'Conolly.*

Les officiers qui vous ont envoyé ne sont pas que des gens d'épée; ils sont Irlandais ! Honte à ces mercenaires, les derniers des esclaves, qui pour un salaire de leurs maîtres massacrent leurs semblables! Hélas! La guerre est dans la fatalité des temps ! Mais gloire à ceux qui la sanctifient en ne combattant que pour la patrie et la liberté !

O'CONOLLY, *à part.*

Le silence est d'or. J'oubliais que je ne suis pas ici pour pérorer; mais pour tout entendre !

LORD MAC-MAHON, *qui a ôté son casque.*

Au nom de l'Irlande, salut, salut à vous, chevaliers fidèles au rendez-vous, comme vos épées le seront à notre sainte cause ! Dieu du ciel et de la terre, vous l'avez jugée cette cause ! Pourquoi avez-vous permis que l'Irlande fut envahie et foulée ? Pourquoi ces maux effroyables déchaînés sur notre patrie, avec les étrangers? Mais que votre volonté soit faite, et gloire à vous, Seigneur, dans le présent, comme dès le commencement, et dans la suite des siècles ! *(il va s'asseoir sur le banc le plus élevé, tous ressent debout dans une attitude respectueuse.)*

ROGER MOORE DE BALLYNAGH

Chevaliers! vous avez été convoqués extraordinairement, parce que le moment est venu où tous vont agir. Il vous souvient que Charles Ier, en hostilité avec les parlements d'Angleterre et d'Écosse, avait envoyé au comte d'Antrim des instructions secrètes pour attacher au service de la cause royale les 8,000 hommes levés dernièrement en Irlande. Nous avons cru qu'en échange de l'appui et de la fidélité de notre nation, Sa Majesté daignerait sanctionner la reconnaissance de nos droits éternels, la liberté de notre culte, la restitution de nos biens spoliés, et nous avons envoyé des commissaires à Londres, pour réclamer justice de Charles Ier. Lord Gormanstown nous rapporte la réponse royale.

VOIX NOMBREUSES

Écoutons !

LORD GORMANSTOWN, *s'avançant.*

Sa majesté nous a reçus de la manière la plus flatteuse, car il est de son intérêt de se concilier ses sujets d'Irlande. Nous avons respectueusement réclamé les mêmes franchises dont jouit l'Angleterre. Lorsque nos ennemis, les Anglais et les Écossais réformés, conspirent réellement contre la royauté, sous le voile de la religion qui masque l'ambition de leurs chefs , pourquoi ne serait-il pas plus légitime aux Irlandais de faire un *covenant* pour reconquérir leurs libertés, et pour le maintien des justes prérogatives de la royauté, qu'aux Anglais et aux Écossais d'en former un pour détruire la monarchie et dévorer la chair de l'Irlande ? Charles Ier nous a donné l'espoir d'une réforme que nous devions attendre de son équité. Mais Sa Majesté a ajouté que les soupçons du Parlement d'Angleterre venaient d'être éveillés par des avis secrets ; que le Long-Parlement exigeait le licenciement immédiat des 8,000 soldats Irlandais, au lieu de leur embarquement pour l'Angleterre; et que par suite de ce contre-temps, Sa Majesté ne pouvait rien faire pour notre pays. Le roi nous a donc conseillé d'attendre jusqu'à l'ouverture du parlement de Dublin, pour qu'il puisse d'ici là empêcher la dispersion des 8,000 Irlandais, sous prétexte d'un enrôlement pour le service de l'Espagne. Sa Majesté s'est ainsi refusée à rappeler le vice-roi, à révoquer les grands juges de Dublin, et à placer le gouvernement d'Irlande dans des mains nationales. Charles Ier daignera se servir des forces irlandaises contre ses sujets turbulents; mais il ne s'imagine pas que nous puissions être traités autrement qu'en peuple conquis.

LORD MAC-MAHON, se levant soudainement.

Nous tenons terre de Dieu seulement! Plutôt mourir que de devoir l'air que nous respirons à d'autres qu'à lui ! (*il monte sur les marches de l'autel*). Seigneur, nous avons recueilli l'héritage de votre divin fils, crucifié par les Juifs et pour le monde entier. Nous continuons son œuvre de liberté, de justice, et nous avons forgé sur le modèle de la croix les poignées de nos glaives. — Christ, intercédez pour nous! Dieu tout-puissant, devenez notre allié! Que ton règne arrive, Liberté! — Verte Irlande, belle émeraude, première fleur de la terre et des mers, île des saints et des savants, grande autrefois, ô la plus éprouvée des nations! Sanglante arène! Depuis plus de cinq siècles, siècles de massacres, de spoliations et de proscriptions, nous subissons un esclavage, une oppression féroce, décrétée et sanctifiée par la Papauté! Anathème et sacrilége! faire de la barque du Christ un cercueil ! Le sang irlandais par torrents a rougi nos rivières; le sol est blanchi d'ossements; sur tes rivages, ô ma patrie! le goëland crie : désolation et mort! Les nuages mêlés de grands vols de corbeaux s'étendent sur toi, comme des linceuls. Même nos montagnes qui ont des entrailles de pierre, élèvent aux cieux leurs têtes suppliantes! — Mais l'Irlande a conservé cette volonté de fer d'être une nation ! Elle n'a pas oublié son glorieux passé transmis par nos bardes dans leurs chants inspirés. Des profondeurs des masses vouées au morne esclavage, de ces mers mortes s'échappent de sourds grondements, des sons vagues qui présagent une tempête terrible ! Jusqu'aux tombeaux qui partout se trouvent couverts d'inscriptions gaëliques rappelant les trépas des martyrs et exhortant le peuple à les venger ! Et dans le ciel des signes de feu ont paru. Deux épées s'y croisaient, jetant l'épouvante. Ainsi l'heure est venue ! Irlandais ! peuple brave entre tous, saisissons le glaive ! il sera encore moins lourd que nos fers !

ANTRIM

Oui, tirons le glaive et jetons le fourreau !

BYRNE

Nos bras impatients n'attendent que le signal, donne-le Mac-Mahon !

LORD MAC-MAHON

Chevaliers ! la rapidité est décisive dans toute question de force. Nous devons oser et précipiter les événements. Assez longtemps nous avons comprimé l'explosion de nos ressentiments et de nos colères ! — Rien n'a été , négligé de ce qui pouvait assurer la victoire. Notre cause a le concours de tous. Tout est calculé, prévu, concerté pour une action commune. — Chevaliers ! que dans deux jours, le 23 septembre, le soulèvement éclate, général, formidable ! — Le 23, des ouvriers qui réparent les murailles du château de Dublin, trouveront moyen de nous ouvrir à la nuit une poterne. Le château sera emporté par surprise. Et nous ferons prisonniers le gouverneur Villoughby et les grands juges Borlase et Parsons. — Une centaine de conjurés, dans les alentours de Dublin, m'attendent pour ce coup hardi. C'est le poste le plus périlleux et je le réclame !

CORNÉLIUS MAC-GUIRE

Et vous serez rejoint par lord Mac-Guire. Cent de mes guerriers d'Inniskillen sont déjà en marche. Nous entrerons dans Dublin sous des déguisements. On attaquera simultanément les lignes de défense occupées par les troupes anglaises, ainsi que les magasins d'armes.

LORD MAC-MAHON

La même nuit, chevaliers O'Reily et Byrne, que votre contingent soit arrivé, pour mettre le feu aux portes de la ville.

O'REILY ET BYRNE

Nous te suivrons partout, et s'il le faut, dans le tombeau !

LORD MAC-MAHON

J'ai fait vœu de délivrer l'Irlande, et je défendrai mon grand rêve, par le glaive et le sang ! je vous appartiens.

PHELIM O'NIAL

A chacun sa tâche ! — Moi, Phelim O'Nial, le chef des O'Nials de l'Ulster dont les ancêtres ont régné glorieusement sur l'Irlande depuis l'an 12 avant J.-C jusqu'à l'an 1002, — je fais serment de déchaîner nos clans formidables, et de venger mon ancêtre Shane O'Nial, que les Anglais firent assassiner, dont la tête tranchée fut exposée sur la porte du château de Dublin, et dont le corps écartelé fut distribué par morceaux sur les murs des villes frontières ! — Que je meure, maudit des hommes et du ciel, si jamais un tel serment pouvait s'effacer de ma pensée ! — Je jure encore qu'au jour fixé, à la tête de mes batailleurs les plus aguerris, je surprendrai Charlemont et Dungannon, tandis que trois autres corps commandés par sir O'Quin, O'Hanlan et Mac-Ginnis s'empareront de Mountjoy, Tanderage et Newry. Alors nous nous rendrons maîtres de tout le pays ouvert dans le Tyrone, le Monaghan, le Longford, Leitrim, Fermanagh, Cavan, Donnegal et Down. — Reste Londonderry qui est dans le voisinage du comte d'Antrim.

ANTRIM

Oh ! le temps de jeter à la mer la garnison de cette ville ! — Car lord Montrose m'attend en Ecosse pour y déployer l'étendard royal, diversion qui y attirera une armée anglaise, et facilitera votre tâche en Irlande.

PHELIM O'NIAL

Que nos associés des autres provinces, les fils des Mac-Carthys et ceux du Munster, agissent comme les Irlandais de l'Ulster, en hommes de race, de sang et de cœur, et jusqu'au dernier anglais sera balayé du sol !

ROGER MOORE DE BALLYNAGH

Ah ! tous se montreront titrés en bravoure ! D'un bout de l'Irlande à l'autre, tous sont prêts à faire le sacrifice de leur vie ! — Chevaliers ! qui doute ici de mon épée et de sir Roger Moore de Ballynagh ? Eh bien, je pars pour me mettre à la tête du Munster soulevé, et voici ceux qui m'accompagnent, *(il désigne son groupe : les lords Gormanstown, du Pale, Fingal, Slang, Netterville, Trimblestone et Lowth.)* A nous de teindre les premiers de notre sang, la route qui a conduit les Anglais au cœur de l'Irlande !

LORD MAC-MAHON

Ah ! pour l'amour de notre chère patrie, que toute haine personnelle, et toute dette de sang résultant de nos anciennes rivalités de races, soient éteintes à jamais parmi vous ! Imposez un sommeil éternel à ces discordes soulevées par l'infernale politique des Anglais, pour nous désunir, et précipiter notre patrie déchirée sous leur joug ! Ne pensez à nul autre ennemi qu'à nos envahisseurs, pour que notre œuvre si longtemps méditée, si longtemps préparée, s'exécute, et que rien, rien sur la terre, rien dans le ciel ne vienne apporter obstacle à la mission que nous nous sommes donnée et que nous jurons d'accomplir ! — Regardez cette bannière ! Non, ce n'est pas l'étendard à la harpe d'or qui nous fut imposé par Henri VIII d'Angleterre, c'est la vieille bannière de l'Irlande, que les Mac-Mahon tiennent de Mahon, frère du roi Brien , surnommé le Vainqueur, et qu'ils ont conservée depuis l'an 1014. C'est celle qui présida à l'extermination des envahisseurs danois dans les plaines de Clontarf. C'est l'emblème de votre patrie qui vous crie : Union et délivrance ! ! — Saluez-là, et jurez de vaincre ou de mourir pour elle ! (*il l'a prise et la tient élevée.*)

TOUS, *étendant les épées.*

Par le Christ, nous le jurons !

LORD MAC-MAHON, *il a replacé la bannière, puis à la vue d'O'Conolly qui, lui aussi, s'est avancé pour faire serment.*

Que celui qui sera parjure et traître soit maudit ! — Chevaliers, par le Christ vous avez juré ! Dieu vient d'entendre vos serments. *(Le son du cor.)*

LORD MAC-MAHON, *descendant de l'autel.*

Eh quoi !... qu'on sache ce que c'est. *(un chevalier sort.)*

O'CONOLLY, *à part.*

Insensés qui vont se heurter contre la hache du bourreau !... Oui, je me ferai un marchepied de leurs cadavres. Alors, appuyé par Cromwell dont j'aurai fait la besogne, moi, paria jeté sur terre pour souffrir et déplorer l'obscurité de ma naissance, je serai riche et puissant ! Ah ! cela sera !

LORD MAC-MAHON, *au chevalier qui reparaît*

Eh bien ?

LE CHEVALIER

Un cavalier, qui a seulement échangé le mot de passe, insiste pour parler aux conjurés. Il est seul et se recommande du comte d'Antrim.

LORD MAC-MAHON

Qu'il approche.

SCÈNE III.

LES MÊMES, SIBBALD, *costume de guerre écossais.*

———

SIBBALD

Salut à vous, milords !.. Ah ! Dieu merci, j'arrive à temps ! — Daignez me prêter attention, car, sachez-le, vous êtes menacés d'une noire trahison !

TOUS

Une trahison !

O'CONOLLY, *à part.*

Que dit cet homme ?

LORD MAC-MAHON, *à Sibbald.*

Une trahison, as-tu dit ? d'abord, réponds.... qui t'a livré le mot de passe ? Qui t'a révélé le lieu et l'instant ?

SIBBALD

Un mourant.

O'CONOLLY, *à part.*

Un mourant !

LORD MAC-MAHON

Mais qui es-tu ?

SIBBALD

Je me nomme Sibbald. Je suis l'agent secret de lord Montrose.

O'CONOLLY, *avec une audace sifflante.*

Ah !.. Montrose !... un général du *Covenant* écossais qui fait cause commune avec les parlementaires de Cromwell !

ANTRIM, *bondissant.*

Qui s'attaque à Montrose s'attaque à Antrim! — Qu'on le sache, lord Montrose n'a suivi le torrent que pour mieux s'enquérir de ce qui se tramait contre la liberté de son pays! — Mais achève... dis nous vite, ami...

SIBBALD

Venu en Irlande pour remettre aux officiers des levées casernées à Arklow, un message royal que lord Montrose avait promis de leur faire secrètement parvenir, j'étais encore chargé d'instructions pour le comte d'Antrim...

ANTRIM

Ta route est abrégée, je suis lord Antrim.

SIBBALD

Vous, Monseigneur!.. alors, regardez, voici l'anneau de mon maître.

ANTRIM

Chevaliers, cet homme ne ment pas. — Achève.

SIBBALD

Je quittai Arklow et chevauchais depuis le matin, lorsque à la première heure de nuit, mon cheval se cabra devant un officier irlandais aux trois quarts mort. Je m'empressai de lui porter secours. Rassemblant ses dernières forces, il me dit se nommer O'Conolly...

LORD MAC-MAHON ET ROGER MOORE

O'Conolly !

O'CONOLLY, *à part.*

Oh ! c'est l'enfer !

SIBBALD

Chargé par les officiers d'Arklow de les représenter à l'assemblée des Vengeurs de l'Irlande, il avait été attaqué à l'improviste, assassiné et dépouillé par un soldat irlandais, instruit de la conspiration. Puis il me révéla le lieu, la date et le mot de passe. Et l'officier expira, après m'avoir conjuré de faire grande diligence pour vous prévenir. Car l'assassin aura sans nul doute vendu le secret de la conspiration !

LORD MAC-MAHON

Œuvre de ténèbres et de scélératesse ! (*montrant Owen-O'Conolly*) cet homme n'a-t-il pas dit qu'il était sir O'Conolly?

SIBBALD

Cet homme !

LORD MAC-MAHON, *à Owen O'Conolly, d'une voix tonnante.*

Tu as entendu l'accusation ? Qu'as-tu à répondre !

O'CONOLLY *avec fureur.*

Messeigneurs ! ce misérable écossais en a menti par la gorge! (*à Sibbald*) Oui, tu mens! tu mens, te dis-je! car, je le jure, je suis sir O'Conolly ! (*aux conjurés*) Est-ce que le message dont j'étais porteur et qui vous a été fidèlement remis, ne l'atteste pas? (*à Sibbald*) Répète donc ton accusation, mais en l'appuyant de preuves évidentes, incontestables, ou la pointe de mon épée étouffera ton mensonge au fond de ce cœur félon qui l'a forgé!

SIBBALD

Sur ma vie éternelle, moi, Sibbald, chevalier issu de noble-race, j'ai dit la vérité ! Et mon témoignage est doublé de mon épée!!

2

O'CONOLLY.

La vérité!.. la vérité!.. il se peut!... en effet... un soldat irlandais m'a traitreusement assailli sur la route de Dublin. Mais je croyais l'avoir tué. Peut-être le coquin s'est-il vengé en m'accusant. ... en changeant les rôles ... et alors. ...

SIBBALD

Il n'y a pas d'exemple que jamais homme ait menti sur le seuil de la tombe! Qu'aurait-il à faire du mensonge au moment de paraître devant le souverain Juge, pour qui la conscience humaine n'a pas de secret? (*à Owen*), Approche-toi, place tes yeux en face de mes yeux, et ose affronter mon regard!

O'CONOLLY

Ah! c'est une insulte sanglante!

SIBBALD

Va! l'assassin, c'est bien toi! Je le lis sur ta face de traitre.

O'CONELLY, *écumant.*

Traitre! C'est le génie de ta perte qui t'a conduit ici!

SIBBALD

Dis, le génie de la tienne!

O'CONOLLY

Quand l'injure saigne au cœur d'un chevalier, il en appelle à son épée! La mienne va te répondre pour moi!

SIBBALD

N'as-tu donc plus assez de souffle ?

O'CONOLLY

J'ai dans ce bras la force d'une armée !

SIBBALD

Oui, d'une armée d'Anglais! *(ils ont tiré l'épée et vont s'attaquer).*

LORD MAC-MAHON

Arrêtez! ceci doit se terminer autrement que par le jugement de Dieu. (*désignant Owen O'Conolly*) Qu'on le désarme, et qu'on vérifie s'il ne porte rien sur lui... quelque écrit ..quelque preuve...

O'CONOLLY

Mort et tempêtes! *(il veut lutter, mais on lui arrache son épée qui est jetée à terre. Il est terrassé, et de son vêtement s'échappe une lettre. Sibbald la ramasse vivement et la tend à Mac-Mahon).*

O'CONOLLY, *atterré, — à part.*

Orage ! au moment de toucher au but!

LORD MAC-MAHON

La voici, la preuve qui ne laisse aucun doute ! c'est une promesse signée de Parsons, le grand juge de Dublin : « Le parlement d'An-
« gleterre concèdera à sir Owen les titres et terres seigneuriales
« qu'il demandera en Irlande, à la condition que sir Owen livrera
« aux autorités anglaises les secrets et les noms des conspirateurs
« irlandais.... » (*à Owen*) Owen, et non pas O'Conolly !

TOUS

Il sait nos secrets ! qu'il périsse ! à mort l'assassin ! à mort le traître ! (*on se précipite sur Owen*).

LORD MAC-MAHON, *avec force.*

Non ! Le sang de cet infâme souillerait vos épées ! nos statuts n'ont pas prévu qu'un homme sentant couler dans ses veines une goutte de sang irlandais pourrait trahir sa patrie ! (*S'avançant vers Owen, il étend lentement le bras et lui met le doigt sur le front*) Judas !

PHÉLIM O'NIAL

Alors qu'il soit garrotté, pieds et poings solidement, et jeté là dans ce caveau sépulcral ! Qu'il y meure dans les tortures de la faim, avec la rage de son impuissance, celui dont la trahison devait anéantir les destinées de sa patrie, et livrer des milliers de ses frères à l'extermination ! (*à Owen*) Aucun pâtre conduisant ses troupeaux ne sera attiré par tes cris, car l'herbe ne croît plus dans les alentours de ce monastère dévasté.

OWEN

Grâce ! Grâce !

O'REILY

Il demande grâce !

BYRNE

O le plus abject des êtres !

UN CHEVALIER

Arrachez-lui le collier de sa victime !
(*On a garrotté Owen. On lui enlève le collier d'or*).

PHÉLIM O'NIAL

Cet homme doit finir ainsi, faites ! (*On fait disparaître Owen dans le caveau.*)

SCÈNE IV.

LES MÊMES, moins OWEN.

LORD MAC-MAHON, *d'abord pensif, puis avec véhémence.*

Ah! que tous les Irlandais sachent bien qu'ils vont combattre pour une patrie qui, rejetant impitoyablement le juif et l'étranger, sera toujours assez riche pour nourrir tous ses enfants! Notre contrat d'alliance entre l'Irlande et Dieu, mettant l'égalité à la racine des choses, tendra à l'anoblissement de toute la nation, jusqu'à ce qu'il n'y ait plus ni premiers ni derniers! L'Irlande doit conserver intacte, parmi les hommes, la tradition de liberté, d'égalité et de fraternité! Là est sa mission, son sacerdoce. Apôtre et guerrier, l'Irlande est le peuple prêtre de l'Evangile. — Et maintenant, chevaliers, brides au vent! chacun à son poste! — Comte d'Antrim, il faut absolument que vous vous rendiez en toute hâte à Arklow; vous vous mettrez à la tête des levées irlandaises. Dépêchez un courrier à votre parent, Alaster Mac-Donald, pour qu'il prenne à votre place, le commandement de vos vassaux. — Le 23, chevaliers! que vos épées brillent dans le sang! que partout des feux soient allumés sur les montagnes! De 16 à 60 ans, adolescents et barbes grises, que tous courent aux armes! En avant! par avalanches et torrents d'hommes! Il faut que les cruautés de Henri VIII, d'Elisabeth, des Jacques Stuart et Charles Ier soient lavées dans le sang! Dieu le veut! Ni trêve ni merci! Et si l'Angleterre roule sur l'Irlande une nouvelle armée, brûlez tout, transformez en désert les contrées que l'ennemi devra parcourir, et qu'il ne passe que sur les cadavres de nous tous, exterminés jusqu'au dernier! Vivants ou morts, nous appartenons au Seigneur! Glorieux les vainqueurs! Heureux les martyrs! Chevaliers, vous êtes les exécuteurs des décrets du Très-Haut! Mort aux Anglais! Mort à l'étranger!

TOUS, *les épées levées.*

Mort aux Anglais! mort à l'étranger!

LORD MAC-MAHON

Notre cri de ralliement : Pour Dieu, l'Irlande et l'indépendance!

TOUS

Pour Dieu! l'Irlande et l'indépendance!

LORD MAC-MAHON

Dieu vous garde, chevaliers de la liberté! (*il fait un signe, un des deux écuyers qui veillent aux portes roule la bannière*).

ANTRIM

Brave Sibbald, vous m'accompagnerez jusqu'à Arklow.
(*Sortie générale par la gauche. Les torches consumées s'éteignent.*

SCÈNE V.

O'DOGHERTY, *arrivant par l'issue de droite. — Longue barbe et cheveux blancs. Il s'appuie sur un bâton et se laissera tomber sur un des bancs de pierre. Le jour se lèvera pendant son monologue.*

Jour et nuit, j'ai marché pour arriver jusqu'ici. — Quels souvenirs ce pays, ces ruines me rappellent! — J'étais jeune, fier, d'antique naissance. Mon cheval, lancé au galop, n'aurait pu atteindre en un jour la limite de mes possessions. — J'aimais, j'étais aimé; — ma fiancée, la sœur des anges, fut entrevue, saisie et profanée par le chef d'une de ces hordes de démons vomis par l'Angleterre! — Certes, il se croyait invulnérable, le lord lieutenant de Jacques 1er cuirassé par ses forteresses et ses nombreux soldats!.. je semai l'or, je soulevai mon pays, d'intrépides irlandais affluèrent autour de ma bannière, et je guerroyai jusqu'aux portes de Dublin. Je parvins à attirer mon ennemi en rase campagne, lui et ses défenseurs! Alors, traçant un rouge sillon, j'allai droit à lui!— Ah! ce fut une lutte horrible!.. commencée au nom de ma fiancée! Bruit du fer contre le fer! poitrail de cheval contre poitrail de cheval! coups terribles déchirant l'armure, entaillant la chair! Glaives trempés dans notre haine! Haine vivant dans le glaive! — nos coursiers étendus raides, — nous, debout, d'un seul bond, face à face! — Longtemps ainsi! Longtemps ainsi! La bataille avait cessé que notre combat durait encore. Enfin il vacille, il tombe! Et mon poignard va chercher son cœur! ha! ha! des lèvres livides! des yeux pleins de sang! son cadavre sous mes pieds! je m'étais vengé! Mais ma tête fut mise à prix, et mes troupes furent écrasées par le nombre. Aucun lien ne me rattachait plus au monde. Je me retirai dans ce monastère. — Ma fiancée était morte en donnant le jour à un enfant maudit du ciel et des hommes! — Elle est couchée là, depuis 33 ans, dans ce caveau sépulcral, enveloppée de sa blanche robe des fiançailles. —.Que de fois, je me suis agenouillé au bord de sa tombe! J'aurais voulu soulever la lourde pierre qui la recouvre, ranimer son cadavre avec mes larmes, la réveiller par mes sanglots! — Puis ce monastère fut signalé aux Anglais comme étant mon refuge. Je dus fuir. Et depuis, parcourant l'Irlande, j'ai vécu parmi les tombeaux; — recueillant ce qui survivait dans les récits populaires des héros morts pour la liberté, partout je gravais sur les pierres sépulcrales, ce martyrologe, comme une protestation suprême! — J'ai fait ma tâche. Mon âme transpercée par la douleur est prête à quitter ce corps brisé. — Et j'ai voulu mourir là où est enseveli mon seul trésor, celle que j'ai tant aimée et tant pleurée!!! (*il se lève et se dirige à pas chancelants vers le caveau funèbre, tout-à-coup il tressaille*). Ce n'est pas le bruit du vent qui s'engouffre... non, (*écoutant*) c'est le murmure d'une voix humaine, là!... je ne me trompe pas! O mon Dieu! (*il pénètre dans le caveau*).

LA VOIX D'O'DOGHERTY

Un homme garrotté!.... Qui êtes-vous?

LA VOIX D'OWEN

Que t'importe! sauve-moi! aie pitié de moi! Ecoute ma prière! Délivre mes membres de ces liens qui font de moi un cadavre!

LA VOIX D'O'DOGHERTY

Que s'est-il donc passé ici?

LA VOIX D'OWEN

Agir vaut mieux que parler! Fais vite, te dis-je! (*Puis Owen bondit hors du caveau, suivi d'O'Dogherty.*)

SCÈNE VI.

OWEN, O'DOGHERTY

OWEN

Libre! libre! je suis libre! je ne mourrai donc pas! (*apercevant son épée restée à terre.*) Mon épée! (*à O'Dogherty*) tiens, tu la vois? prends-la, et tranche ces derniers liens! (*Les mains d'Owen sont encore enchaînées. O'Dogherty coupe les cordes*) — Merci! merci, vieillard! — va, je te ferai riche, tu auras de l'or autant qu'il t'en faudra pour rajeunir tes vieux ans ! (*Owen parcourt la scène, comme en délire, brandissant son épée*) Ah ! misérables Irlandais qui conspirez contre vos vainqueurs, contre vos maitres légitimes ! ! Vous avez cru m'enchainer ici, comme au fond d'un cercueil ? Eh bien, me voilà libre ! Et je sais tous les plans et les noms de vos chefs ! O Mort, repasse ta faux d'acier, car il me faudra autant de cadavres que j'ai compté ici de têtes d'hommes !

O'DOGHERTY

Malheureux ! qu'oses-tu dire !

OWEN

Inconcevable hasard ! Deux fois j'aurai été enseveli vivant ici car ce monastère, enfant j'y ai été jeté pour y mourir au monde et devenir un de ces moines idiots que l'ouragan anglais a dispersés ou anéantis...

O'DOGHERTY *à part.*

Ah ! mon corps est ébranlé comme par un coup de foudre ! ! (*haut*) Tu as été élevé dans cet asile ?

OWEN

On m'y amena...

O'DOGHERTY

Le tenancier Owen, n'est-ce pas ? qui t'avait recueilli, qui te donna son nom....

OWEN

Comment sais-tu ?

O'DOGHERTY

J'étais supérieur de ce monastère. Ne me reconnais-tu pas ?

OWEN

Vous !....

O'DOGHERTY

Pourquoi viens-tu de proférer des paroles sinistres ? Quel démon agite ton cœur ? Tu veux trahir ta patrie ?

OWEN

Ma patrie ! — Ah quand les privations de tout genre font monter la rage au cœur de l'homme, il n'a plus de patrie !

O'DOGHERTY

Tu as parlé de conspiration, de secrets surpris par toi ? Et tu veux être le Judas de l'Irlande ! mais c'est une pensée d'enfer ! Oublies-tu que ta mère était Irlandaise ?

OWEN

Ma mère ! ai-je seulement demandé à naitre ? Ah ! maudite soit l'heure qui m'a vu naître ! et doublement maudite ma mère ! A-t-elle eu des entrailles pour moi !

O'DOGHERTY

Apprends...

OWEN

Cesse ton stupide murmure, vieillard ! Je ferai tout ce que j'ai résolu de faire ! et le bourreau m'attend pour que je lui livre sa proie !

O'DOGHERTY

Monstre !

OWEN

Ne me retiens pas, te dis-je !

O'DOGHERTY *se cramponnant à lui*

Ah ! tu ne passeras que sur mon cadavre !

OWEN

Eh bien ! tu l'auras voulu ! (*il le frappe de son épée et disparaît*)

SCÈNE VII

O'DOGHERTY, puis LA MORTE.

O'DOGHERTY

Ah ! tué par lui dont j'ai tué le père ! ! Irlande ! Irlande ! pauvre Irlande ! (*il va tomber à l'entrée du caveau. Tout-à-coup une ombre blanche éclairée d'une lumière fluidique, se dresse devant lui*)

LA MORTE, *s'inclinant sur le vieillard mourant.*

L'Irlande est le Christ des peuples. Comme le Christ, elle doit être crucifiée. L'Irlande, soleil du monde dans l'avenir, ne renaîtra que par la mort. — Ainsi de nous : (*d'une voix douce*) je suis celle que tu as aimée sur la terre. C'est moi, ta fiancée ! Tu m'as pleurée morte. Je suis ressuscitée et plus vivante que jamais ! — La vie, c'était la mort. La mort c'est la vie ! — Bénis donc le bras qui t'a frappé, la mort qui te délivre ! Car il est venu le jour de notre hymen dans l'éternité !

(*La toile tombe*)

DEUXIÈME ÉPOQUE

ACTE ^{cm}2

LA FILLE DE MONTROSE

La scène se passe en Ecosse, près du détroit de Cromarty, neuf ans après.

Le théâtre représente l'intérieur d'une habitation de pêcheur. Porte d'entrée au fond. Pans coupés à droite et à gauche. Sur celui de gauche une fenêtre avec du lierre et du chèvre-feuille. — Sur le pan opposé, à droite une grande cheminée avec une claymore suspendue au manteau. Portes latérales à droite età gauche. Entre la porte du fond et la cheminée un buffet de forme antique couvert de vaisselle ancienne. — Des filets pendus. Grand fauteuil de cuir. Plusieurs escabeaux. Sur le devant, à gauche, une table.

SCÈNE 1re

MISTRESS KING, *cheveux blancs, bonnet en serre-tête, robe écossaise quenouille et fuseau.*

Mon fils ne revient pas ! Avec ces tempêtes qui se sont succédé, depuis trois semaines, les autres pêcheurs n'ont pas quitté la côte et Rob a mis à la voile il y trois jours.. Mon Dieu ! si jamais fervente prière est montée jusqu'à vous, accueillez la mienne ! Que Dieu te préserve, mon fils, et qu'il te ramène sain et sauf ! — Hier, je suis restée sur la côte sans apercevoir une voile à l'horizon. Aujourd'hui je veux gravir la roche du signal, d'où l'on découvre plus au loin. Mais il faut que j'attende le retour de Miss Esmeralda. La sainte fille va chaque matin porter leur subsistance aux malheureux proscrits dans la forêt qui leur sert de refuge, pourvu qu'elle échappe à tout danger ! Des troupes battent le pays que des espions parcourent sans cesse. Elle-même n'est-elle pas attachée à l'ancienne religion, poursuivie si cruellement par nos presbytériens d'Ecosse ? Et ne doit-elle pas cacher qu'elle est la fille d'un partisan de Montrose tué à Corbiesdale ? — Mais — je crois entendre.... on vient... c'est elle sans doute....

(Mistress King dépose sa quenouille et son fuseau, va à la porte du fond et débarrasse Miss Esmeralda d'une corbeille à anse.)

SCÈNE II

MISTRESS KING, MISS ESMERALDA

(Elle est enveloppée d'une mante brune dont le capuchon qu'elle re-jette en arrière, laisse voir ses longs cheveux d'un blond doré qui s'é-chappent en anneaux du simple ruban qui les retirent, puis elle quitte sa mante et paraît en robe de deuil.)

MISTRESS KING

Chère miss, vous voilà enfin !... je tremble toujours pour vous ! si des espions vous surprenaient, accomplissant votre périlleuse et sainte tâche de chaque jour, et vous faisaient arrêter !... il est vrai que Dieu protége ses anges.

MISS ESMERALDA, *qui s'est assise.*

Bonne mistress King !...

MISTRESS KING

Ma pauvre enfant, vous êtes bien pâle... *(elle lui prend les mains).* Oh ! je comprends... c'est le chagrin qui vous tue ?... Mais n'avez-vous pas rencontré ici une autre famille ? Duncan, mon mari, fut tué, comme votre père, en combattant pour la liberté et l'indépendance de l'Ecosse. Aussi le cavalier qui vous a amenée mourante, pour vous cacher chez la veuve de Duncan, savait bien que l'orpheline trouverait en moi une mère.

MISS ESMERALDA

Cet ami fidèle... qu'est-il devenu ?

MISTRESS KING

Malgré sa promesse, il n'a pas reparu. Vous vouliez alors vous embarquer pour la France .... mais maintenant pourquoi partir ? Ici la main des méchants ne peut plus vous atteindre. Vous n'êtes plus seule et abandonnée. Ecoutez-moi, il faut que je vous répète ce que mon fils m'a dit un moment avant son départ.

MISS ESMERALDA, *à part.*

Je tremble...

MISTRESS KING

Mon fils vous aime, miss...

MISS ESMERALDA, *porte la main à son cœur.*

Lui !... Rob King ! il m'aime !...

MISTRESS KING

Oui, chère petite ! il t'aime de toute la passion qu'inspirent la beauté et l'infortune. Oui, mon Robert, si fier, si brave, a rencontré en toi, si douce, si séduisante, l'enchantement de sa vie... Mon Dieu ! mais pourquoi cet effroi !.. miss, vous pleurez!... Mon fils a-t-il donc mal compris votre cœur, et ne devait-il pas en juger par le sien ?

MISS ESMERALDA

Je pleure, oui.... c'est malgré moi... (*avec égarement*). Oh ! c'est que je pense au passé ! Le passé ! ce qu'aucun pouvoir au monde, pas même celui de Dieu, ne peut empêcher d'avoir été !

MISTRESS KING, *à part.*

Qu'allais-je croire !... (*haut*) oui, c'est cela, n'est-ce pas , miss ? Toute la sensibilité de votre âme est encore concentrée dans ce souvenir trop récent de la perte de votre père. Oh ! je comprends tout ce qu'il a dû emporter de votre cœur dans la tombe. Mais Rob King, mais mon pauvre fils vous aime à devenir fou si vous le désespériez ! Et votre refus (*avec un soupir douloureux*) serait pour lui un chagrin mortel ! Votre mariage sera différé de quelques mois. Vous êtes encore plongée dans une trop profonde affliction. Ce jour-là, le deuil de votre cœur fera place aux joies de l'épouse.

MISS ESMERALDA, *à part.*

Oh! je voudrais mourir !

MISTRESS KING

Ce jour-là, les âmes de ceux qui sont morts glorieusement en défendant la bonne cause, feront descendre les bénédictions divines sur votre union. Mon fils vous devra son bonheur. Alors Dieu pourra m'appeler à lui.

MISS ESMERALDA

O mistress, je suis pénétrée de reconnaissance pour tous les sentiments d'affection que vous me témoignez.

MISTRESS KING

Mais Rob King ne revient pas ! il n'est jamais resté tant de temps en mer. Je suis inquiète du sort de mon fils ! Les navires de Cromwell font une si terrible guerre à nos pêcheurs côtiers, depuis que l'Angleterre fait croiser sa flotte sur les côtes d'Ecosse, pour empêcher le débarquement de Charles II , que les presbytériens ont proclamé. Mon Dieu, je n'ai que mon fils en ce monde, et s'il mourait, il ne me resterait qu'à mourir !

MISS ESMERALDA

Chassez ces sombres idées, mistress;.. maître Rob-King est trop bon marin pour ne pas échapper à la tempête et aux Anglais. Dieu protégera votre fils !

MISTRESS KING , *s'enveloppant d'une cape rouge.*

Miss, je vais à la Roche-du-Signal. De là j'apercevrai peut-être..., (*embrassant mis Esmeralda*), miss, priez pour mon fils ! priez pour votre fiancé ! (*elle sort par le fond.*)

SCÈNE III

MISS ESMERALDA, puis le SPECTRE DE MONTROSE

MISS ESMERALDA, *seule tombant accablée dans un fauteuil.*

Mon fiancé ! lui ! Rob-King ! quand il y a un abîme qui nous sépare !.... Ce n'est pas parce qu'il n'est qu'un enfant du peuple, lorsque moi qu'il ne croit pas d'une naissance au-dessus de la sienne, je suis la fille du marquis de Montrose, non ; il n'y a pas de mésalliance aux yeux de Dieu ! Mais puis-je céder aux sollicitations de mon cœur ? Quand le prêtre réciterait les prières du mariage, je serais plus blanche qu'une morte !... Et si, un jour , Rob-King apprenait... m'aimerait-il encore ? Oh ! il me maudirait peut-être ! O destinée fatale qui me frappe et m'accable ! L'impossibilité absolue de quitter l'Ecosse ajoute de jour en jour à la difficulté de ma situation. Deux mois se sont écoulés depuis que Sibbald, cachant mon nom et mon rang, m'a trouvé un asile ici. Je n'ai plus revu ce fidèle serviteur. Il devait s'embarquer avec moi pour la France. Sibbald a été arrêté, tué peut-être! Que faire ? (*se levant.*) La nuit, des images funèbres , des fantômes passent dans mes rêves. Je crois entendre la voix vibrante de mon père ! Lord Montrose appelle le peuple à la liberté ! Les deux armées se rencontrent ! On s'égorge dans le sang ! Les nôtres repoussent l'ennemi... mais des forces sans cesse renaissantes les enserrent ! Les nôtres sont écrasés par le nombre !... Puis les féroces clameurs des vainqueurs! les gémissements des mourants ! Et les flots ensanglantés de la rivière charriant des débris d'hommes et des corps de femmes et d'enfants! Tantôt je me vois livrée au chevalier maudit ! horreur ! la fille de Montrose, la proie de ce démon ! Puissances du ciel ! à moi !!.. tantôt c'est mon père que je revois !.. je pose mes lèvres sur son front, ce front est glacé! sa bouche est sans souffle! ses yeux sans regard! ses membres ont été séparés par la main des plus infâmes scé-

lérats ! Et sa tête), sa tête coupée roule à mes pieds !.. Je jette un cri
terrible et je me réveille glacée d'épouvante, pour interroger Dieu,
lui crier vengeance et lui demander ce qu'il fait de sa foudre?...
(*retombant anéantie*) visions ! hallucinations ! désespoirs et tortures !
(*serrant sa tête dans ses mains*) Oh ! c'est à devenir folle ! Vienne plutôt la mort! (*se levant avec une expression suprême*), ô mon père ! au
sein de l'éternel sommeil... à travers la nuit profonde, entends ma
voix!... (*A ce moment apparaît, éclairé d'une lumière surnaturelle, pâle
et sanglant le spectre du marquis de Montrose. Il porte au cou les traces
de son exécution. Son costume est magnifique. Sa tête est ceinte d'une
couronne de lauriers. Miss Esmeralda a tressailli, l'œil fixé et les bras
tendus.*) Ombre sacrée de mon père ! ... C'est bien toi! je te recon-
nais ! Reviens-tu donc à la vie? Dieu ferait-il un miracle?... Oh!
parle-moi... ne t'éloigne pas encore, ombre tutélaire intercède pour
que Dieu, dans sa miséricorde infinie, abrége le supplice auquel je
suis condamnée, et pour que ta fille te rejoigne dans la mort!...
Quoi, tu me désignes quelqu'un ?.. (*Elle fait quelques pas vers la porte du fond qui s'ouvre comme d'elle-même. Miss Esmeralda recule avec
un cri étouffé à la vue d'un étranger enveloppé d'un grand manteau
brun, relevé de manière à lui couvrir le visage et à ne laisser voir que
ses yeux. L'apparition de Montrose s'est évanouie*).

SCÈNE IV.
MISS ESMERALDA, L'ÉTRANGER.

L'ÉTRANGER, *jetant son manteau et s'avançant, le chapeau bas.*
Pardon, miss... vous paraissez surprise... en effet, ma brusque
entrée...

MISS ESMERALDA, *à part.*
Dieu tout puissant! suis-je le jouet d'une illusion ? Ou bien est-
ce véritablement l'âme de mon père qui préside à l'arrivée de cet
étranger?

L'ÉTRANGER, *à part.*
Par St-Patrick ! cette jeune fille est un miracle de beauté ! *(haut)*
Veuillez me dire, miss, si je suis dans la demeure de Rob-King, le
pêcheur ?

MISS ESMERALDA
Oui, sire cavalier ?

L'ÉTRANGER
Permettez-moi encore une question... Vous vous nommez?

MISS ESMERALDA

Mon nom ? — Esmeralda.

L'ÉTRANGER

Ce nom rappelle l'*Esmerald-gem*: la terre d'émeraude. Cependant vous n'êtes pas irlandaise ?

MISS ESMERALDA

Ma mère me baptisa ainsi. — Mais vous paraissez venir de loin. A défaut de Mistress King et de son fils qui sont absents, permettez-moi de remplir les devoirs de l'hospitalité.

L'ÉTRANGER

Même, malgré cette loi importée d'Angleterre, qui punit de mort l'hospitalité que l'on accorde à un proscrit ?

MISS ESMERALDA

Asseyez-vous là. Qu'importe l'Angleterre et Cromwell ! *(le servant)* voici de quoi satisfaire votre faim et votre soif — Ici l'on ne reconnaît d'autre loi que celle de Dieu !

L'ÉTRANGER

Ah ! cette fière réponse trahit votre sang noble ! Et vous êtes bien la fille du grand Montrose !

MISS ESMERALDA

Quoi!... vous savez !

L'ÉTRANGER

Votre secret. Oui, noble miss... Sibbald m'a tout dit.

MISS ESMERALDA

Sibbald !

L'ÉTRANGER

Je sais que vous êtes fugitive et réduite à cacher jusqu'à votre nom, ce nom glorieux ignoré de Rob-King lui-même, qui vous croit la fille d'un soldat de Montrose et vous fait passer pour une jeune parente.

MISS ESMERALDA

Et Sibbald ?

L'ÉTRANGER

Sibbald n'est plus, miss.

MIS ESMERALDA

O ciel ! que m'apprenez-vous !

C'est aussi une fin tragique que la sienne: — Lord Montrose, votre père, s'étant rendu à la Haye, auprès du fils du roi martyr; le docteur Dorislaüs y arriva de Londres, en qualité de ministre du Parlement d'Angleterre. Il qualifia publiquement Montrose et les siens de brigands montagnards et de traîtres à leur patrie ! — Le même soir, pendant que cet insulteur soupait avec son fils à l'auberge, Sibbald et cinq autres gentilshommes de la suite de votre père entrèrent dans la chambre, et demandant raison à l'envoyé de Cromwell de son odieuse calomnie, voulurent le forcer de se battre. Et comme le lâche refusa, Sibbald fit justice en tuant ce misérable. Un an après, lord Montrose à qui Charles Stuart avait donné une commission, levait l'étendard royal, dans le Caithness et le Sutherland. Votre infortuné père fut défait et livré à Corbiesdale. Ce fut alors que Sibbald vous ayant rencontrée éplorée, folle de désespoir, près du champ de bataille, vous transporta ici. Puis il se rendit secrètement et en tout hâte à Edimbourg où votre père avait été conduit, chargé de fers. Il lui restait encore un espoir ; il voulait exciter un soulèvement, et avec l'aide d'amis déterminés et armés, enlever le héros quand on le conduirait au supplice. — Ce fut à Edimbourg que je rencontrai Sibbald. Il me fit promettre, s'il succombait, de veiller sur vous à sa place — Mais la fatalité fit que Sibbald, l'âme du complot, fut reconnu et dénoncé par le fils même de ce Dorislaüs, tué à la Haye. Sibbald fut aussitôt arrêté. Alors James Graham de Montrose, votre noble père, fut exécuté; puis Sibbald, avec le colonel Hurry, Spottiswood, sir Francis Hay de Dalgatie, et plusieurs autres. Que ces lords d'Edimbourg aient osé condamner le grand Marquis au supplice des coquins, qu'ils aient livré le fier, le chevaleresque, l'audacieux Montrose, ce héros immortel, le vainqueur de Tippermuir et de Kilsyth, à la plus cruelle et à la plus ignominieuse des morts, c'est une véritable infamie ! — Mais que peut-on attendre de ce conseil privé, et de ces juges aux ordres de l'Angleterre ! D'un comte de Leven qui a vendu Charles 1er à Cromwell pour 200,000 livres sterling, d'un David Lesly parent de ce traître, et d'un duc d'Argyle, fourbe comme tous les Campbells, leur chef à tous et l'ennemi héréditaire de Montrose ! — Oh ! mais la vengeance, vous l'aurez, miss, vous l'aurez éclatante et prompte, aussi vrai qu'il n'y a qu'un Christ ! — Pardonnez-moi, miss, d'avoir rappelé ces déchirants souvenirs. Et maintenant la fille de celui, qui fut le plus noble et le plus grand chevalier de l'Ecosse, sait que je lui servirai de protecteur. — Sibbald devait vous conduire en France, n'est-ce pas ?...

MISS ESMERALDA

Oui, à Paris, au couvent des Carmélites, retraite de la reine Henriette.

L'ÉTRANGER, *galamment.*

Quoi ! miss, ensevelir votre beauté, votre jeunesse dans un cloitre !

MISS ESMERALDA

Je suis morte... morte au monde.

L'ÉTRANGER, *s'inclinant profondément.*

Je suis votre chevalier. Et quelle que soit votre volonté, elle sera accomplie. — Mais écoutez-moi, miss, il faut que je vous dise tout : les presbytériens d'Ecosse, en haine des indépendants, ont députe à Bréda, pour traiter avec Charles II, qu'ils veulent à certaines conditions rétablir sur le trône de ses pères. Or je sais que Rob-King, le pêcheur, a été secrètement requis pour parvenir jusqu'à la flottille du prince d'Orange, qui ramène en Ecosse Charles II. — Rob-King doit servir de pilote au brick du roi qui débarquera à l'entrée de votre détroit de Cromarty.

MISS ESMERALDA

Se peut-il?... Rob-King!...

L'ÉTRANGER

Tout calculé, avant la fin du jour, Rob-King doit avoir accompli sa périlleuse tâche. Mais Charles II, en abordant à ce rivage, sera en danger de mort. Un forfait se prépare, et Charles Stuart est perdu, si je ne l'avertis du danger qu'il court, si je ne le sauve de ceux qui le trompent et le mènent à sa perte. J'en ai les moyens. Le roi s'arrêtera sans nul doute, dans la chaumière de son pilote, sous ce toit le plus voisin. Eh bien, miss, il faut me cacher, et vous guetterez l'instant propice pour demander à Sa Majesté, — vous qui ne pouvez inspirer aucune méfiance, — d'accorder un entretien secret au plus dévoué de ses serviteurs. Vous ferez cela, miss ?

MISS ESMERALDA

Je le ferai, sire cavalier ! *(s'enveloppant vivement dans sa mante)* Je cours guetter l'arrivée du roi. Et que Dieu frappe les traîtres!

L'ÉTRANGER

Allez, et merci, noble fille de Montrose !

(Miss Esmeralda sort par le fond.)

SCÈNE V.

L'ETRANGER, *seul. Il se verse une rasade et boit, puis lance son chapeau près de son manteau, et se jette sur un siége.*

———

Allons, c'est à croire que Dieu a conduit tout cela ! Rapide et furieuse a été ma course, des hautes terres jusqu'ici. — Mais j'arrive à temps !... — O mon père, tu vas donc être vengé ! — Il y a neuf ans, quand l'Irlande s'insurgea pour chasser les Anglais, un serpent, Owen O'Conolly, dénonça mon père comme étant le chef du complot pour surprendre le château de Dublin. Et lui, mon père, le grand patriote irlandais, l'homme d'intelligence et l'homme d'énergie, se vit garrotté et transporté dans la Tour de Londres, entre les quatre murs d'une prison ! — Ce que souffrit cette volonté de fer ainsi réduite à l'impuissance, durant trois années de captivité, nul le sait ! Puis la hâche du bourreau abattit ta tête, ô mon père ! — Je ne pus te sauver ; mais je jurai de te venger ! de te venger du traître qui t'avait livré à la hache de Cromwell ! je jurai haine à ce Cromwell - l'assassin ! haine aux Anglais, ces bourreaux de l'Irlande ! — Et depuis ce jour terrible, tout ce qu'un homme, qui n'a jamais reculé devant aucun danger, peut oser, je l'ai fait. Bravant tout, semant partout, en Angleterre, en Irlande, en Ecosse, la colère, la révolte et déchaînant la tempête ! — L'échafaud a bu le sang de Charles Ier, comme il a bu le sang de Strafford, de Mac-Mahon, de Laud, des lords Holland et Capel, du duc d'Hamilton, de Montrose ; — Oui, tes bourreaux, Cromwell, tranchent les têtes de tous tes ennemis. Si bien que lutter contre toi, c'est courir à une perte certaine. Qu'importe ! A nous deux maintenant, Olivier Cromwell ! — Tu n'étais qu'un brasseur, sans aucune de ces qualités qui anoblissent les hommes, sans le moindre souffle chevaleresque, sans vrai courage et sans générosité, mais doué richement de la plus scélérate des âmes politiques. Tribun artificieux, pour élever ta basse roture et assouvir tes convoitises, tu as indignement trompé, égaré la bonne foi populaire. Et ce peuple a fait de toi son représentant, son général, son lord protecteur, que sais-je encore ! — Ce que tu reprochais à la royauté : l'oppression des consciences et la violation des libertés de l'Angleterre, — voilà qu'elle fut ton arme. Voilà l'échelle avec laquelle tu as escaladé le pouvoir. — La liberté de conscience ? On sait comment tu l'as respectée, toi, le grand pontife hypocrite et sanguinaire de la religion inventée par Henri VIII ! — Prétendu défenseur des droits publics et libérateur ! C'est pour mieux établir, sans doute, les libertés du pays que tu as purifié les deux chambres par l'emprisonnement de la plupart des représentants, et que tu as installé ton Parlement - *croupion*? — Et la liberté de l'Irlande ? Qu'en as-tu fait, infâme bourreau ! ! — Au lieu d'une république grande, noble et digne de Dieu, ta république à toi, c'est l'asservissement des trois Royaumes sous ton fouet honteux et au profit de tes créatures. Une république sans républicains, mais riche en sauveurs de toute sorte. Pauvre république ! Elle est bien malade puisque tout le monde aujourd'hui se mêle de la sauver ! — Admirable gouvernement qui permet aux Cromwellistes de se partager le pouvoir, la collation, les émoluments des places, le butin de la guerre, le prix du sang, les terres et les dépouilles de leurs victimes ! — Et voilà cependant les protecteurs, les amis du peuple anglais, les vengeurs de ses droits ! Fais donc des révolutions pour eux, peuple ! Oui, abdique entre leurs mains ta souveraineté ! — Et quand tu auras élevé ces misérables fourbes, ces intrigants et ces vils parvenus sur la scène du monde ; quand ils y gesticuleront, s'y parjureront, gorgés d'or, se vautrant dans le sang et violant toutes les lois divines et humaines, ils te fouleront sous leurs pieds, Peuple, et tu n'auras en partage que l'oppression, l'indigence et la famine ! Et tu ramasseras dans les ruisseaux, populace affamée, les miettes qu'ils laisseront tomber avec un dédain grotesque, ces *Grandesses* d'un nouveau genre ! ! — Mais tu n'en es pas moins, Olivier Cromwell, le dictateur de l'opinion, l'effroi de l'Angleterre, que dis-je ? le maître de l'Europe par tes flottes, tes armées, ton infernale duplicité et ta sourde politique. — Eh bien ! tyran plébéien ! si tu t'es vendu à Satan, ton bail va finir ! — Et cela, malgré tes braillards du Parlement, tes gens de guerre et de rapine, tes gardes du corps, tes juges assassins très honorés, tes avocats, tes pamphlétaires, tes bigots, tes juifs, tes gueux de potence, tes crocheteurs de fonctions serviles, tes sicaires, tes limiers, tes geôliers, tes fossoyeurs, tes bourgeois, tes banquiers et usuriers puritains, vautours et trafiquants britanniques ! — (*avec un rire de sarcasme*) Ah! Ah ! Ah ! tu ne sais pas, Cromwell, que ton agent confidentiel, le fils de Dorislaüs que tu avais envoyé à Edimbourg pour s'y concerter avec Owen O'Conolly et le duc d'Argyle, t'a précédé chez Satan, ton maître ; et que les papiers secrets dont il était porteur m'ont dévoilé ta dernière intrigue qui va être déjouée. Charles 1er décapité, il te fallait encore la tête du fils ? Va, Cromwell, Charles II, à son débarquement, ne tombera pas dans tes filets! (*même rire*) Ah! Ah! rugis, tigre! Le lion t'attend!! (*il s'est levé pendant cette tirade*) Cromwell, Owen O'Conolly, d'Argyle, j'ai dans l'idée cette fois que je tiens tous ces infâmes! (*un silence. Il arpente la scène.*) Le seul moyen de sauver l'Irlande, c'est la guerre allumée entre l'Écosse et l'Angleterre! (*apercevant la large épée placée au-dessus de la cheminée*) cette claymore suspendue comme une relique sainte! (*il la décroche et l'examine.*) Ces anciens emblêmes gravés sur la lame! — Mais c'est une épée royale!... Comment se trouve-t-elle dans cette chaumière? (*il la fait tournoyer au-dessus de sa tête, puis la ploie contre terre*) Par saint Patrick! voilà une arme merveilleuse! (*il la replace*) On vient... Miss Montrose!

SCÈNE VI.

L'ÉTRANGER, MISS ESMERALDA

MISS ESMERALDA, *rentrant vivement.*

Sire, cavalier... le roi!

L'ÉTRANGER

Le roi!

MISS ESMERALDA

Il vient de débarquer, il arrive, il est entouré de seigneurs. Vite, entrez là!

(*Saisissant son manteau et son chapeau, l'étranger disparaît dans la chambre de droite. Miss Esmeralda en ferme la porte*)

SCÈNE VII

MISS ESMERALDA, JACK, *le mousse.*

JACK, *accourant par la porte du fond et agitant son bonnet.*

Vive Charles Stuart! Hourra pour le roi Charles! Ah! miss, quelle nouvelle! quel évènement! quelle journée! — C'est le roi! oui, le roi en personne qui vient de débarquer et que nous vous amenons avec tout un escadron et de beaux seigneurs qui ont des

manteaux galonnés et des plumes flottantes ! Le roi vient, miss !
vite un bon feu et un bon repas ! *Miss Esméralda prépare la table. —
Jack jette du bois dans la cheminée, tout en parlant.)* C'est nous qui
avons piloté le vaisseau du roi ! Maître Rob n'avait mis personne
dans la confidence, pour ne pas alarmer Mistress King. Car si les
marins de ce damné Cromwell nous avaient seulement pris, ils
nous auraient pendus à la grande vergue d'un de leurs bâtiments.
Heureusement qu'un bon brouillard est venu nous dérober aux
Anglais ! *(le feu flambe et pétille.)* Ça va faire un feu d'enfer ! De
quoi rôtir toutes les têtes rondes de Cromwell !

MISS ESMERALDA, avec fièvre.

Charles II en Ecosse !! Puissances du ciel ! Faites qu'il soit in-
vincible !... Et pour vous, cette fois, le châtiment ! Tigres et ban-
dits d'Angleterre et d'Ecosse ! Oui, le châtiment et l'exécration !
Afin que les peuples ne se passionnent plus pour des fourbes et
ne servent plus de sanglants marchepieds aux Cromwells de l'a-
venir !!

*(Charles II, avec ses lords, paraît au fond, introduit par Rob-King. —
La toile tombe.)*

FIN DU 2ᵉ ACTE

ACTE 3ᵐᵉ

LE FILS VENGEUR

(Même décor)

SCÈNE 1ʳᵉ

CHARLES II, assis, LE DUC DE BUCKINGHAM, LES
LORDS WILMOT, BYRON ET KILLIGREW, ROB-KING, MISS
ESMERALDA, MISTRESS KING.

CHARLES II

Maître Rob-King, vous avez risqué votre vie pour piloter notre
vaisseau. Il s'agissait du salut de votre roi et des destinées des
trois royaumes. C'est un dévouement qui vous anoblit.

MISTRESS KING, *tombant à genoux et baisant la main du roi.*

Sire, je bénis Dieu de ce qu'il a choisi mon fils pour ramener le descendant de Bruce dans sa patrie ! je bénis Dieu qui me donne cette joie et cet orgueil ! Que la bonne et vieille cause triomphe à jamais ! (*Le roi la relève.*)

MISS ESMERALDA, *s'avançant et avec fièvre.*

Oui, sire, que la cause des Stuarts triomphe ! pour que tous les fidèles amis de votre père, ceux qui sont morts sur les échafauds et sur les gibets, ceux qui ont été fusillés, et ceux qui gémissent encore en prison ou qui sont fugitifs, ruinés, spoliés, ceux à qui l'on a tout pris, tout, soient vengés ! Et pour que l'impunité n'existe plus pour les traîtres, les assassins et les infâmes !

CHARLES II.

Quelle est cette jeune fille ? Et pourquoi ces vêtements de deuil ?

ROB-KING

Elle est orpheline, sire. Son père, qui suivit la bannière du grand Montrose, a été tué à Corbiesdale.

CHARLES II

Montrose ! Montrose !... un de ces hommes qu'on ne retrouve que dans Plutarque !

LORD KILLIGREW

Il est heureux, sire, qu'Owen Roë O'Nial, votre conseiller intime, ne soit pas là pour recueillir les paroles de Votre Majesté.

CHARLES II, *ironiquement.*

Un conseiller intime que le parlement d'Edimbourg nous impose !

LORD WILMOT

Comme ces braillards du parlement seraient flattés d'une pareille découverte ! Le beau texte à leurs philippiques ! Votre Majesté se fait l'apologiste de celui qu'ils ont jugé, condamné et exécuté.

CHARLES II, *avec indignation.*

Oui, pendu ! décapité ! écartelé ! lui, Montrose ! Et voilà ce que l'Ecosse fait de ses grands hommes !

BUCKINGHAM

Votre Majesté oublie sans doute qu'elle a désavoué le marquis de Montrose, en prêtant serment à la ligue solennelle, au *Govenant*, et en jurant de défendre l'omnipotence de l'église presbytérienne envers et contre tous les catholiques des trois royaumes...

LORD BYRON , *avec mépris.*

Un tel serment n'engage pas.

BUCKINGHAM

C'était l'unique moyen de conjurer le danger que Votre Majesté courait de se voir exclue du trône d'Ecosse.

CHARLES II , *il reste un moment pensif, puis soudainement.*

Maître Rob-King , vous avez refusé obstinément toute récompense?

ROB-KING

Sire , l'or tue plus d'âmes que le fer ne tue de corps. Mais j'ai une grande faveur à requérir de Votre Majesté : Sire, vous daignerez vider la coupe de l'hospitalité sous mon toit, et je me croirai bien payé. (*il va au mur, fait jouer le ressort d'une cachette et y prend une coupe d'or, revenant*), Sire , voyez ces armes sur cette large coupe : un pin en sautoir avec un glaive nu dont la pointe supporte une couronne. Cette coupe vient de Grégorius, troisième fils d'Alpin qui fut roi d'Ecosse vers l'an 787. Je suis le descendant et l'héritier direct de cette famille royale.

CHARLES II

Se peut-il !

MISS ESMERALDA , *à part.*

Lui !

ROB-KING

Or , vous savez , sire , quels édits sanguinaires furent rendus , à l'instigation des comtes d'Argyle, sous les règnes de Marie-Stuart, du roi Jacques et de Charles 1er, contre les clans Mac-Alpin et Mac-Grégor, ces bandes d'aigles, ces hardis montagnards qui rendaient partout redoutable le nom de leur chef. Vous savez les croisades ordonnées, les lettres de feu et de sang qui furent lancées, les échafauds qui furent dressés ; et sur les gibets et les créneaux des murailles, combien de cadavres mutilés et de crânes blanchis! Il s'agissait d'abattre la tribu , branches et racines. Le pays des Mac-Grégor fut concédé aux exterminateurs de notre race; à ceux dont les ancêtres fendaient du bois et portaient de l'eau pour les nôtres. Les Mac-Grégor étaient traqués avec des limiers comme des bêtes féroces! On défendit aux vassaux de leur donner asile. Et jusqu'à notre nom fut aboli. Ce nom que nous tenions d'une longue suite d'aïeux guerriers et illustres! Car la peine de mort fut décrétée contre ceux qui se feraient encore appeler Mac-Grégor. Mon grand père, Allaster Mac-Grégor de Glenstraë, fut pendu à la croix d'Edimbourg !... Ce qui n'empêcha pas les débris de notre tribu, pendant la guerre civile, de s'attacher au parti des Stuarts, et mon père, Duncan Abbarach King, de se faire tuer pour le vôtre, Sire, à la bataille de Naseby ! Ah ! c'est que nos ennemis nous avaient tout pris, tout, excepté le sentiment d'honneur et de patriotisme qui subsiste, vivace et indestructible au fond de nos âmes ! Et maintenant, sire, voici la coupe de l'hospitalité. (*il remplit de vin la coupe d'or qu'il présente au roi*).

CHARLES II

Par l'âme de mon corps ! Charles Stuart ne la videra pas avant de t'avoir payé. Genou en terre, Mac-Grégor. Nous te faisons duc, et chevalier de notre ordre royal, avec le droit de reprendre le nom et de porter les titres de ta race. Nous cassons donc tous les édits rendus par nos prédécesseurs, ainsi que les condamnations prononcées contre les Mac-Grégor ; et ordonnons la restitution des terres et des propriétés de tes ancêtres. Et maintenant, emplissez les coupes. Milords, je bois aux trois royaumes, libres et réunis sous mon sceptre réparateur ! (*Pendant cette scène, Miss Esmeralda a rempli les quaighs pour les seigneurs.*)

LES LORDS ET MAC-GRÉGOR

Vive Charles II, roi d'Angleterre, d'Écosse et d'Irlande !

CHARLES II

Milords, je reste ici, sous la fidèle garde du duc de Mac-Grégor, jusqu'au retour d'Owen-Roë O'Nial. Mylord Byron, notre escadron hollandais doit être débarqué. Qu'il se tienne sous les armes et prêt à nous suivre. (*Il congédie tout le monde du geste. Les seigneurs sortent par le fond. Miss Esmeralda et Mistress King par la porte de gauche. Mac-Grégor décroche la claymore et se place au dehors, en sentinelle, l'arme à la main.*)

———

SCÈNE II

CHARLES II, *seul.*

———

J'ai donc enfin mis le pied sur la terre d'Écosse !.. terre chérie, Je te salue !... les yeux pleins de larmes. Maintenant, c'est au Ciel et à mon épée de faire le reste ! Mais tout hasarder dans une entreprise pareille, n'est-ce pas folie ? N'est-ce pas risquer de faire rouvrir la fatale fenêtre de White-Hall? Ah! qu'importe après tout! si je succombe glorieusement. L'unique chose qui vaille la peine qu'on y pense, c'est celle qui distingue le trépas du brave et celui du lâche. Différer plus longtemps eût été une lâcheté! ... Et puis l'exil! L'exil où je n'ai rencontré que des cœurs de glace, la froide indifférence et le dédain insultant! L'exil, si dur à ma mère et à ma sœur Henriette! N'ont-elles pas enduré le froid durant l'hiver et l'horrible misère, grâce à Mazarin, cet Italien maudit! Elle, ma mère! La fille d'Henri IV, mourant de faim, dans cette France où son royal père voulait que le dernier paysan eût plus que le nécessaire! Marchons donc courageusement au devant de notre destin!.. Monk et Fairfax se prononceront-ils enfin en ma faveur? Oh! rentrer victorieux dans Londres !..

SCÈNE III

CHARLES II, MISS ESMERALDA, puis L'ÉTRANGER

CHARLES II, *à Miss Esmeralda qui a paru.*

Qu'est-ce, miss?

MISS ESMERALDA

Que Votre Majesté daigne me pardonner si j'entre sans son ordre; mais un gentilhomme qui a à révéler des choses de la plus haute importance, sollicite la faveur de parler en secret à Votre Majesté.

CHARLES II

Où est-il? (*Miss Esmeralda va ouvrir la porte de droite*).

L'ÉTRANGER, *paraissant soudainement.*

Le voici, Sire.

CHARLES II, *ramenant vivement son baudrier en avant, comme pour être en mesure de saisir la poignée de son épée, puis dédaignant cette précaution et se croisant les bras.*

Sois le bienvenu, gentilhomme. De quoi s'agit-il?

L'ÉTRANGER, *pliant le genou devant le roi et la main posée sur sa poitrine.*

Que Dieu garde Votre Majesté! Sire, le lion qui marche toujours la tête si haute ne remarque pas la traîtresse et basse allure de la hyène Sire, c'est par la trahison que périssent presque toutes les grandes causes et tous les nobles cœurs....

CHARLES II

Eh bien , Monsieur, achevez...

L'ÉTRANGER

Sire, ayez confiance en mon dévouement et ma loyauté, car votre majesté court les plus grands dangers !

CHARLES II

Parlez, quels sont ces dangers ? *(prêtant l'oreille et allant vivement à la porte du fond)* Le galop d'un cheval ! *(à part)* c'est Owen Roë O'Nial !.... *(à Mac-Grégor)* duc laissez passer. *(Revenant vivement à l'étranger et bas)* pas un mot devant cet homme !

SCÈNE IV

Les mêmes, OWEN ROE O'NIAL, puis MISTRESS KING

OWEN ROE O'NIAL, *entrant et découvert.*

Sire , tout est maintenant disposé à Cromarty pour recevoir dignement Votre Majesté. Les chevaux sont prêts, partons, Sire.

MISS ESMERALDA, *s'avançant soudainement jusqu'à O'Nial, puis reculant avec un cri d'horreur.*

Ah !... le chevalier maudit !.. c'est lui !

OWEN ROE O'NIAL

Que me veut cette jeune fille ?... est-elle folle !

MISS ESMERALDA

Non !.., je ne me trompe pas... c'est lui ! c'est bien lui !.— Sire ! Vous aussi, Mac-Grégor ! voici le moment d'écouter l'aveu que j'avais à vous faire. — Ecoutez tous ! et sachez qui je suis ! — Je suis ici fugitive, et je cachais mon nom. Je suis miss Montrose, la fille du marquis de Montrose !

CHARLES II

La fille de Montrose ! vous, miss !

MAC-GREGOR

Elle ! se peut-il !

MISS ESMERALDA

Et maintenant, vous voyez cet homme !... j'avais quitté Endrik-Dale et notre château pour accompagner mon père. Deux jours avant la fatale bataille de Corbiesdale, cet homme était dans le camp de Montrose, sous le nom de sir Asthon de Drogheda, un nom volé ! Cet homme trahissait mon père. — Après la bataille, pendant qu'on fusillait les prisonniers et qu'on jetait les femmes et les enfants dans la rivière, un sort plus affreux m'était réservé : saisie par des soldats, je fus livrée à ce misérable qui se trouvait cette fois dans le camp ennemi ! Je me traînai à ses pieds, son rire infernal répondit seul à mes supplications. Ses yeux m'enveloppaient d'un linceul de flammes... Je n'avais pas d'arme pour me tuer... Je fus souillée par ce bandit ! Après j'étais seule... folle !.. Je voulais mourir !.. Un fidèle serviteur de mon père, Sibbald, me sauva du suicide. — Oui, la deshonorée, c'est moi, — (*Désignant Owen Roë O'Nial*) et l'infâme c'est lui ! — Le voilà ce secret terrible) — (*à Mac-Grégor qui a reculé comme s'il eût reçu un choc violent*) Vous voyez bien maintenant, Mac-Grégor, que vous ne pouvez pas m'épouser. Oh ! honte ! honte ! Dieu....

CHARLES II, *regardant Owen Roë O'Nial.*

Est-ce donc vrai !

OWEN ROE O'NIAL, *avec audace.*

Eh bien ! quand cela serait ?

CHARLES II

Quand cela serait ?

OWEN ROE O'NIAL

Oui, quand cela serait !

CHARLES II

Les lois de la chevalerie vous faisaient un devoir d'épargner une enfant sans défense !

OWEN ROE O'NIAL

La fille d'un chef de brigands !...

MAC-GREGOR

Ah ! Tu en as menti par la gorge ! ! (*il s'est élancé et courbe à terre Owen Roë O'Nial*) A genou, misérable insulteur ! à genou, misérable ! (*à miss Esmeralda*) Relevez votre tête céleste, noble fille. Ah ! miss, du moins vous allez être vengée !

OWEN ROE O'NIAL

Ah ! sang et rage ! !

MAC-GREGOR, *à mistress King qui a paru dès le récit de miss Esméralda.*

Vous, ma mère, (*lui désignant miss Esmeralda*) allez, emmenez-là ! — C'est aux hommes maintenant qu'il appartient d'agir! (*les deux femmes s'éloignent.*)

SCÈNE V.

LES MÊMES, moins MISS ESMERALDA et MISTRESS KING

MAC-GREGOR, *à Owen Roë O'Nial.*

Allons ! l'épée à la main ! tout infâme que tu sois, je ne veux pas t'assassiner !

OWEN ROE O'NIAL

Un gentilhomme ne croise le fer qu'avec un gentilhomme.

MAC-GRÉGOR

Je me nomme Mac-Grégor !

OWEN ROE O'NIAL

Les Mac-Grégor ont été dégradés de noblesse.

CHARLES II

Un Mac-Grégor que j'ai fait duc !

MAC-GRÉGOR

Tu l'entends, es-tu prêt ?

L'ÉTRANGER, *s'interposant et disignant Owen Roë O'Nial*

Mais d'abord le nom de cet homme ? (*silence d'Owen Roë O'Nial*) Le nom de cet homme, Sire ?

CHARLES II

Owen Roë O'Nial.

L'ÉTRANGER, *grand mouvement.*

Owen Roë O'Nial ! ! ! Cet homme est Owen Roë O'Nial ? — Ah ! c'est Dieu qui me le livre ! !

MAC-GRÉGOR

Non, cet homme m'appartient !

L'ÉTRANGER, *tirant son épée d'un geste terrible.* —

Je vous dis, Mac-Grégor, que j'ai particulièrement affaire à cet homme !

OWEN ROE O'NIAL, *à l'étranger.*

Ah ça ! Qui êtes-vous donc ?

L'ÉTRANGER

Qui je suis ? l'Angleterre n'avait pas encore fait de toi un lord d'Irlande que le nom de mes pères était illustre déjà. — Toi, gentilhomme ? Comme Cromwell est monarque ! — titré en infamie, oui. — Sire, cet homme est encore couvert du sang de votre auguste père ! — Cet aventurier, qui a fait partie des régicides anglais, s'est d'abord fait appeler Owen O'Conolly, en Irlande, afin de surprendre les secrets des patriotes !....

OWEN ROE O'NIAL

Ah ! tout ton sang ! ! — Mais ton nom, ton nom ?

L'ÉTRANGER

Mac-Mahon ! — un nom sans tâche !

CHARLES II et OWEN

Mac-Mahon ! !

MAC-MAHON

Mon père fut décapité, grâce à ce traître qui, en récompense de ses services, a été autorisé par la chancellerie d'Angleterre à s'affubler du nom et des titres d'Owen Roë O'Nial, le héros dont toute l'Irlande pleure le trépas, et dont les biens lui ont été octroyés. — Et le voilà cet infâme, ce spoliateur, ce pourvoyeur de l'échafaud ! Le voilà, devant l'épée du fils de sa victime ! ! — Je te tiens donc enfin ! finissons-en ! Mon épée te sauvera d'un trépas ignominieux !

OWEN ROE O'NIAL

Sire, les pleins pouvoirs dont je suis revêtu en qualité de commissaire du parlement d'Ecosse auprès de Votre Majesté, et le caractère d'envoyé du haut et puissant prince Archibald, duc d'Argyle, mettent ma personne au-dessus de toute provocation !

MAC-MAHON

Ah ! vraiment ? Tu crois que..

OWEN ROE O'NIAL, *montrant un parchemin.*

Je prie Votre Majesté de jeter les yeux sur ce mandat de la cour criminelle en bonne forme pour arrêter tous les individus suspects de menée contre le gouvernement établi. Je prie donc également votre Majesté de faire arrêter et désarmer ces deux rebelles, (*il désigne Mac-Mahon et Mac-Grégor;*) pour qu'ils soient livrés à la justice de leur pays. Sire, si vous protégez ceux dont les pères ont été condamnés et exécutés comme traîtres ayant pris les armes contre l'état, c'est la violation du *Covenant* et de l'acte d'alliance ! Et votre Majesté ne peut manquer aux conditions que lui ont imposées le Parlement et les Ecossais. Sire, il s'agit de votre couronne !

CHARLES II

Ma couronne ! — par l'âme de Bruce, j'espère bien la conquérir et non pas la recevoir comme une aumône !

OWEN ROE O'NIAL

Mac-Mahon fut décapité pour sa participation à l'insurrection d'Irlande. Je prie Votre Majesté d'observer que les insurgés se déclarèrent aussi bien rebelles à l'autorité de Charles 1er qu'à la domination de l'Angleterre. Ce qui fit que le marquis d'Ormond, le fidèle lieutenant de votre royal père, préférera rendre au Parlement de Cromwell l'épée, emblème de sa charge, le château de Dublin et toutes les forteresses occupées par ses troupes, plutôt que de traiter avec les insurgés irlandais.

MAC-MAHON

Ah ! serpent! Sire, l'Irlande ne produit que des patriotes et des martyrs ! Et mon père, ce héros assassiné, ne fut point un rebelle. Mais au-dessus de son dévouement à la cause royale, il y avait une pensée souveraine qui dominait son âme, comme elle domine l'âme de tout irlandais: celle de la patrie ! La patrie, sainte et divine comme Dieu, et pour qui on doit mourir comme pour une mère ! — Oui, la guerre ! la guerre sans repos et sans trêve ! Puisque l'Angleterre, qui a assassiné Marie-Stuart et décapité Charles 1er, l'Angleterre d'Elisabeth et de Cromwell, a juré aussi d'exterminer la race irlandaise et de partager l'île entre des aventuriers saxons. Hommes, femmes, enfants, debout et en armes ! Et périsse jusqu'au dernier irlandais plutôt que de renoncer à notre foi, à nos droits et à notre indépendance ! — Sire, l'Angleterre peut tuer l'Irlande, et ma malheureuse patrie n'être plus que la personnification de la famine et du désespoir, avec des haillons pour uniforme national ! — Mais je le jure sur l'épée des Mac-Mahon ! Un jour l'ange des revendications suprêmes, du haut d'un tertre funéraire, appellera l'Irlande, la martyre, la condamnée, à la résurrection, à la vie et à la liberté ! — Et ce jour-là, toute l'Irlande se lèvera à sa voix comme une apparition redoutable ! Ce jour-là, l'Angleterre périra ! Elle disparaîtra la première de la scène du monde! — Et tous les peuples pousseront des cris d'allégresse, car dans tous les coins du monde le nom de l'Anglais sera maudit !!! (*un silence, — puis brusquement à Owen Roë O'Nial*) Quant à toi, tu as raison. On ne se bat pas avec les scélérats, on les pend ! — Sire, lisez. (*il tend au roi une lettre*) Car il n'y a pas une trahison que cet homme ne s'y trouve mêlé. Bandit ! La lumière se fait enfin sur tes forfaits ! Et te voilà pâle d'épouvante ! (*Il s'est placé, l'épée à la main, de façon à empêcher Owen de se jeter sur la lettre.*)

CHARLES II, *lisant.*

« Au général Olivier Cromwell. »

MAC-MAHON, *à Owen.*

Le fils de Dorislaüs qui portait ta missive à Cromwell, alors à la tête de l'armée anglaise en Irlande, fut rejoint par moi. Je m'emparai de ses papiers, et cet espion fut englouti par la mer !

OWEN ROE O'NIAL

Malédiction !!

CHARLES II, *continuant.*

« Qu'il plaise à votre grâce d'être informée que Dorislaüs, votre
» agent confidentiel, m'a transmis vos volontés. Le duc d'Argyle
» s'y est conformé en ne s'opposant pas au vœu national. La cou-
» ronne d'Ecosse sera donc offerte au prince proscrit sous certaines
» conditions que je suis chargé de lui porter, à Bréda, en qualité
» de commissaire du parlement d'Edimbourg. — Je déciderai
» Charles Stuart à aquiescer à ces conditions et à se rendre en
» Ecosse pour débarquer vers la 3me semaine de juin dans le dis-
» trict éloigné de Cromarty, où il sera plus facile de s'emparer de
» lui.... » — Ah ! voilà du nouveau ! — (*continuant de lire:*) « car les
» régiments des colonels Strawghan et Karre (*) qui vous sont ac-
» quis, s'y trouveront alors. Si donc la flotte anglaise ne parvient
» pas à capturer le Stuart, il n'échappera que pour tomber dans le
» piége qui lui sera tendu : A peine à terre, il sera cerné, attaqué,
» et au lieu d'une couronne terrestre, il en recevra une dans le
» ciel. — Vous serez ainsi, Général, délivré de l'inquiétude de sa-
» voir le Stuart vivant. — Alors la réunion de l'Ecosse à l'Angle-
» terre sous votre protectorat sera proclamée. — Vous savez, Géné-
» ral, que reconnaissant votre mission providentielle, je me suis
» attaché dès l'origine à votre fortune, pour la faire triompher. J'af-
» firme à votre Grâce que je ne resterai pas au-dessous de ma
» nouvelle tâche, et que je mériterai le titre de lord-gouverneur
» d'Irlande que vous m'avez fait offrir par Dorislaüs... »

MAC-MAHON

Signé: « Owen Roë O'Nial. »

CHARLES II, *bondissant.*

Trahison ! trahison contre Dieu, le roi Charles et l'Ecosse !! Accourez tous! Et garrottez cet homme ! (*il désigne Owen*) car il n'y a pas au monde de plus grand traître et félon !

OWEN ROE O'NIAL

Ah! mort et sang ! malheur ! malheur à vous tous! (*Il décharge un*

(*) Prononcez Strakan et Kerr.

pistolet sur Mac-Grégor qui lui fermait le passage, et se précipite vers la sortie du fond. — Mais Mac-Mahon, prompt comme l'éclair, s'est élancé pour lui barrer le passage.)

MAC-MAHON

Assassin !

OWEN ROE O'NIAL, *reculant devant l'épée de Mac-Mahon.*

Enfer et furies !

MAC-MAHON

Oui, enfer sans issue !

(Mac-Grégor atteint au bras droit a laissé tomber sa claymore. — Mistress King et Miss Esmeralda qui ont paru avec un double cri, se sont élancées et soutiennent Mac-Grégor.)

MAC-GREGOR

Ce n'est rien. Blessé seulement. Mais, vite, donnez-moi vos soins. *(Il entre à gauche, suivi des deux femmes. — Les seigneurs ont paru.)*

SCÈNE VI.

CHARLES II , MAC-MAHON , OWEN ROE O'NIAL , LE DUC DE BUCKINGHAM, LES LORDS BYRON, WILMOT ET KILLIGREW

MAC-MAHON, *à Owen Roë O'Nial.*

L'heure du châtiment sonne toujours pour les damnés de ce monde ! Je te dis, Judas, que tu as fini le cours de tes scélératesses !

OWEN ROE O'NIAL, *à Mac-Mahon.*

Eh bien, va donc rejoindre ton père ! *(Les deux combattants se sont attaqués avec fureur, à la dague et à l'épée. Combat serré, terrible.)*

MAC-MAHON

Meurs, traître ! *(il lui plonge sa dague dans la poitrine. Contemplant Owen qui tombe avec un grand cri.)* Justice est faite !

OWEN ROE O'NIAL, *se redressant et râlant.*

Je meurs... mais je vais être vengé !.. Bientôt... les régiments de Strawghan et de Karre... *(avec un rire convulsif)* Ah ! Ah ! Ah !... Puisse... ma malédiction..... *(il retombe et expire.)*

MAC-MAHON

Impuissantes malédictions! Le serpent est écrasé !

CHARLES II

Mais les régiments de Strawghan et de Karre vont accourir et nous envelopper !

MAC-MAHON

Il n'y a pas un instant à perdre, Sire ! Que Votre Majesté monte à cheval et se place au milieu de nous. Il faut nous jeter dans les montagnes pour nous réunir aux principaux chefs des Highlands qui, avertis par moi, ont pris les armes et sont en marche. Sire, vous allez vous trouver à la tête d'une fidèle armée et vous pourrez marcher sur Londres !

CHARLES II

Brave Mac-Mahon ! Vous aurez sauvé Charles Stuart !

SCÈNE VII.

LES MÊMES, MAC-GREGOR, *le bras en écharpe reparait suivi de* MISTRESS KING, ET MISS MONTROSE.

MAC-MAHON, *allant à Miss Montrose.*

Noble fille d'un héros, le seul obstacle à votre bonheur, c'était le passé; et ce passé, je l'ai tué ! *(il montre le cadavre d'Owen.)*

CHARLES II

Qu'on emporte le cadavre de ce traître, et qu'il soit accroché à la plus haute branche sur la route de Cromarty, pour souhaiter la bienvenue aux colonels Strawghan et Karre. *(descendant la scène)* Ah ! Messieurs les Cromwellistes, il viendra le jour où, aux applaudissements de l'Angleterre qui déjà a appris à vous maudire, vous ferez pareillement connaissance avec les fourches de Tyburn! A cheval ! milords, à cheval !

(Pendant cette sortie, Mac-Mahon descend la scène)

MAC-MAHON, *seul.*

Jour trois fois béni ! L'Irlande et le nord de l'Angleterre se soulèvent en ce moment ! — Quant à toi, Cromwell, tremble, tyran ! Le coup est porté. — Tes créatures, d'Argyle et ses complices démasqués, seront précipités du pouvoir. Et l'Ecosse, se ressouvenant des exploits de Wallace et de Robert Bruce, va se lever toute armée contre l'Angleterre ! Car un pays n'est jamais perdu quand il est délivré de ses traîtres ! *(il sort.)*

(Changement à vue)

QUATRIÈME TABLEAU

DIEU SAUVE L'IRLANDE

Le rivage. A droite, l'extérieur de la chaumière de Rob-King. A gauche, la route des montagnes. Au fond, la mer, flots agités, ciel orageux. Au large, le brick royal.— Le roi, Mac-Mahon et tous les seigneurs y compris Mac-Grégor sont à cheval. — L'escadron hollandais au-dessus de la chaumière, à droite, tournant le dos à la route de Cromarty. — Miss Montrose et Mistress King sont sur le seuil de la chaumière.

SCÈNE FINALE

CHARLES II, MAC-MAHON, MAC-GRÉGOR, LE DUC DE BUCKINGHAM, LES LORDS BYRON, WILMOT ET KILLIGREW, — MISS MONTROSE, MISTRESS KING, JACK, L'ESCADRON ET MARINS HOLLANDAIS.

CHARLES II

Partons, milords !

MISTRESS KING, *élevant les mains.*

Sire, que Dieu vous protége et sauve l'Ecosse !

LES LORDS ANGLAIS, *(épées levées)*

Dieu sauve le roi !

MAC-MAHON

Dieu sauve l'Irlande!

FIN.

AUX DIRECTEURS DE PROVINCE

Dans les petites villes on peut monter ce drame, *seulement avec six hommes et trois femmes*, en plaquant un peu de figuration.

Au prologue :

On supprimera les lords *du Pale, Fingal, Slang, Netterville, Trimblestone, Lowth. O'Hanlan* et *Mac-Ginnis.*

On supprimera lord *Gormanstown.* — Lord Mac-Mahon dira son récit avec les changements nécessaires : — « Sa Majesté *a reçu nos commissaires* de la manière la plus flatteuse, etc. » — « *Lord Gormanstown* a respectueusement réclamé les mêmes franchises, etc. » — « *Charles 1er a donné à nos envoyés* l'espoir d'une réforme que nous devions attendre de son équité, etc... » — Puis lord Mac-Mahon continuera en liant ainsi sa tirade : — « *Mais* nous tenons terre de Dieu seulement, etc... »

On supprimera *Cornélius Mac-Guire.* — Lord Mac-Mahon dira : « Et *je serai* rejoint par lord Mac-Guire ! Cent de *ses* guerriers, etc. »

On supprimera *O'Reily* et *Byrne.* — Lord Mac-Mahon dira encore : « La même nuit, *le contingent des chevaliers O'Reily et Byrne sera arrivé* pour, etc... »

On supprimera *Antrim.* — Phélim O'Nial dira : « Qui s'attaque à Montrose s'attaque à *O'Nial* ! Qu'on le sache, etc... » — Puis on retranchera dans le rôle de Sibbald cette phrase : « Vous, Monseigneur ! alors regardez, voici, etc... »

On supprimera *le chevalier.* — Roger Moore dira à sa place : « un cavalier qui a seulement échangé le mot de passe, etc... » — puis : « Arrachez-lui le collier de sa victime ! »

Au 3me acte :

On supprimera les lords *Killigrew* et *Wilmot* en fondant leurs deux rôles avec celui de Buckingham.

On supprimera lord *Byron,* avec cette modification dans le rôle de Charles II : « *Duc de Buckingham,* notre escadron hollandais doit être débarqué, etc... »

Et l'on coupera le *4me tableau,* en modifiant ainsi la fin du troisième acte :

Après les dernières paroles d'Owen Roë O'Nial,

MAC-MAHON

Impuissantes malédictions ! Le serpent est écrasé ! — Bientôt d'Argyle et ses partisans démasqués seront précipités du pouvoir.

Quant à toi, Cromwell, tremble, tyran ! Le coup est porté. Et l'Ecosse se ressouvenant des exploits de Wallace et de Robert Bruce, va se lever toute armée contre l'Angleterre! Car un pays n'est jamais perdu quand il est délivré de ses traîtres!!

CHARLES II

Mais les régiments de Strawghan et de Karre vont accourir et nous envelopper !

MAC-MAHON

Il n'y a pas un instant à perdre, Sire! Que Votre Majesté monte à cheval, et se place au milieu de nous ! Il faut nous jeter dans les montagnes pour nous réunir aux principaux chefs des Highlands qui, avertis par moi, ont pris les armes et sont en marche. Jour trois fois béni ! L'Irlande et le nord de l'Angleterre se soulèvent en ce moment! — Sire, vous allez vous trouver à la tête d'une fidèle armée, et vous pourrez marcher sur Londres !

CHARLES II

Brave Mac-Mahon ! vous aurez sauvé Charles Stuart !

SCÈNE VII

LES MÊMES, MAC-GRÉGOR, *le bras en écharpe, reparaît suivi de* MISTRESS KING et MISS MONTROSE.

MAC-MAHON, *allant à Miss Montrose.*

Noble fille d'un héros, le seul obstacle à votre bonheur, c'était le passé, et ce passé, je l'ai tué!! (*il montre le cadavre d'Owen Roë O'Nial.)*

CHARLES II

Qu'on accroche le cadavre de ce traître à la plus haute branche sur la route de Cromarty, pour souhaiter la bienvenue aux colonels Strawghan et Karre! (*descendant la scène.)* Ah! Messieurs les Cromwellistes, il viendra le jour où, aux applaudissements de l'Angleterre qui déjà a appris à vous maudire, vous ferez pareillement connaissance avec les fourches de Tyburn! — à cheval, milords, à cheval !

MISTRESS KING, *élevant les mains*

Sire, que Dieu vous protège et sauve l'Ecosse !

MAC-GRÉGOR et BUCKINGHAM, *épée levée.*

Dieu sauve le roi !

MAC-MAHON

Dieu sauve l'Irlande !!

On fera doubler de la sorte :

O'Dogherty — Rob-King.
Roger Moore de Ballynach — Charles II.
Sibbald — le spectre du marquis de Montrose.
Phélim O'Nial — Buckingham.
La morte du prologue — Jack.

Les artistes chargés de cette double tâche devront faire des types différents, pour produire l'illusion.

Le rôle d'*Esmeralda* (miss Montrose), qui a toute la responsabilité de la pièce, doit être donné à une actrice jeune ou paraissant avoir seize ans au théâtre, mince, nerveuse et inspirée.

Castres, imprimerie Abeilhou, rue Henri IV et rue Borel, 9.

THÉATRE DIVERS DE MAX-ROBERT DE SAULNIER

POUR PARAITRE SUCCESSIVEMENT

Spartacus, d. hist. en 5 ac. et en vers.

Colin-Maillard ou *le héros liégeois*, d. hist. en 5 ac. et en prose.

Adélaïde de Burlats ou *les Albigeois*, d. hist. en 5 ac. et en prose.

Les Templiers, d. hist. en 5 ac. et en prose.

La Bannière rouge, d. romantique en 5 ac. et en prose.

Mademoiselle de La Vallière, d. hist. en 3 ac. et en vers.

Un romancier d'autrefois, pièce hist. en 5 ac. et en prose, mêlée de chants.

La Révolte des mères ou *le faubourg Saint-Antoine en 1750*, d. hist. en 2 ac. et en prose.

Théroïgne de Méricourt ou *la Révolution française*, d. hist. en 5 ac. 10 tab., prologue et en prose.

Un brigand légendaire, d. hist. en 5 ac., 10 tab. et en prose.

Robert Fulton, d. hist. en 5 ac. et en prose.

Didier ou *l'insurrection de Grenoble*, d. hist. en 5 ac. et en prose.

Leopold Robert, d. hist. en 5 ac. prologue et en prose, mêlé de chants.

Barbès ou *le chevalier de la démocratie*, d. hist. en 5 ac. et en prose.

Byronia, d. romantique en 5 ac. et en prose.

Maximilien et Juarès, d. hist. en 5 ac. et en prose.

Jacques ou *le cyclone parisien*, pièce en 5 ac. et en prose, mêlée de chants.

Paris-Calicot, pièce réaliste, en 3 ac. mêlée de chants.

Le Roman comique du quartier latin, pièce burlesque en 3 a. et en pr. mêlée de chants

Le Candidat Humain, pièce burlesque en 3 ac. et en pr.

Bernard d'Ampuis, d. en 5 ac. et en prose.

L'Exposition de 1878 ou *les Cosaques de l'enfer*, pièce fantast. en 5 ac., 7 tab. et en prose, mêlée de chants.

L'Anthropophage ou *la fin du siècle*, action *critique* en 5 a. 10 tab. et en prose.

THÉATRE DE MAX-ROBERT DE SAULNIER

THÉATRE HUMANITAIRE